André Kürzel

Selbstmanagement & Kommunikation
Effektivität - Vertrauen -
Motivieren - Überzeugen

Erfolg im Beruf kompakt
Band 1 + 3

Impressum

1. Auflage 2016
Sammelband "Erfolg im Beruf kompakt" 1+3

Copyright: © 2016 by André Kürzel
79618 Rheinfelden
Alle Rechte vorbehalten.

Herstellung und Verlag:
BoD - Books on Demand, Norderstedt
ISBN 978-3-7392-2748-1

Die Deutsche Nationalbibliothek verzeichnet diese Publikation in der Deutschen Nationalbibliografie.

eBook
published by
Amazon Kindle Direct Publishing KDP

Inhalt

Einleitung	3
So erreichen sie mehr	6
Nichts ändert sich, außer ich ändere es	12
Ihre Arbeit ist ihre Visitenkarte	18
Erst dienen, dann verdienen	21
Vertrauen in Vertrauen	25
Lächeln Sie jeden Tag	31
Seien sie effektiv und effizient	34
Schreiben wenn es zielführend ist	38
Grundregeln der Kommunikation	42
Bringen Sie Dinge auf den Punkt	49
Sprechen vor Publikum	54
Unfaire Kommunikation	58
Kommunikation bei schwierigen Themen oder Partnern	63
Effektive Besprechungen	68
Selbstvertrauen und Gelassenheit	74
Es liegt an ihnen – fangen sie heute an	77
Literaturverzeichnis	80

Einleitung

„Manchmal bin ich am Ende des Tages gereizt oder unzufrieden". Kommt Ihnen das bekannt vor?

Vordergründig bezieht sich unser Ärger oft auf eine andere Person, aber wenn wir ehrlich zu uns selber sind, haben wir in einer Situation nicht souverän genug agiert, d.h. unsere Verhaltensweise war kontraproduktiv.
Dies zu erkennen, ist schon der wichtigste Schritt, denn dann sind Sie sensibel und selbstkritisch genug, um Verbesserungspotenzial zu erkennen.

„Das Problem zu erkennen ist wichtiger als die Lösung zu finden, denn die genaue Darstellung des Problems führt fast automatisch zur richtigen Lösung."
Albert Einstein

Trotzdem ist es für Sie nicht einfach, Reaktionen zu verändern, da das Meiste an Ihrer Persönlichkeit bereits in Ihrer früheren Kindheit festgelegt wurde. Diese Verhaltensweisen werden wie Spuren im Schnee immer wieder genutzt.
Dadurch, dass Sie sich die Situation bewusst machen und sich bessere Reaktionsweisen überlegen, haben Sie gute Chancen neue „Trampelpfade für Ihr Tun" in Ihrem Gehirn anzulegen.

„Kaum macht man etwas richtig, schon funktioniert es."
Quelle unbekannt

Wer sensibel und selbstkritisch mit Situationen umgeht, findet Möglichkeiten zu lernen und an sich zu arbeiten. Deshalb sollten wir versuchen, uns tagtäglich weiter zu entwickeln.

„Wandel entsteht aus dem Einwirken einer neuen Idee auf einen aufnahmebereiten Geist."
Louis Pasteur

Die Inhalte der Serie "Erfolg im Beruf kompakt" basieren auf dem Buch „33 Erfolgsrezepte".

Lassen Sie sich zur persönlichen und beruflichen Weiterentwicklung inspirieren.

André Kürzel

So erreichen Sie mehr

**„Die Dinge sind nie so, wie sie sind.
Sie sind immer das, was man aus ihnen macht."**
Jean Anouilh

Das meiste an unserer Persönlichkeit ist genetisch bedingt oder wurde bereits in der früheren Kindheit festgelegt. Dazu kommen noch unbewusst erlernte Gefühlsmaschen. In der Transaktionsanalyse werden so kindliche motivierte Ersatzgefühle bzw. Handlungen beschrieben, die im Laufe der Erziehung regelrecht antrainiert werden.
Aufgrund dessen werden auch bei Erwachsenen in bestimmten Situationen ungute Empfindungen erzeugt, so dass diese Menschen entweder in eine Opfer- oder Hilflosigkeitsrolle schlüpfen, als auch mit der Besserwisser-, Ärger- oder Entrüstungsmaske agieren.

Unter dem Strich ist es für uns nicht einfach unsere Handlungen und Einstellungen zu verändern. Aber es darf keine Ausrede werden wie z.B. „ich bin halt so und stehe zu mir", denn jeder von uns kann seine Selbstkontrolle trainieren.

„Wenn wir unsere Emotionen nicht im Griff haben, haben unsere Emotionen uns im Griff."
Manfred Spitzer

Es liegt auf der Hand, dass ein Mensch mit einer offenen zupackenden, klaren und begeisterten Wesensart mehr im Leben erreicht als jemand, der latent negativ agiert.

„Die Talente sind oft gar nicht so ungleich, im Fleiß und im Charakter liegen die Unterschiede."
Theodor Fontane

Die Kunst besteht darin, sich dies jeden Tag und in jeder Situation immer wieder klar zu machen und die eigenen „Problemzonen" zu erkennen.
Natürlich können Sie nicht Ihr Erbgut verändern, aber alles andere was in Ihnen als Persönlichkeit steckt. Das sind unsere Reaktionsweisen, die aus unserem Erleben geprägt wurden (frühkindliche Verhaltensmuster und Maschen) und spätere Orientierungen, die unsere frühen Weichenstellungen korrigiert oder bestätigt haben (Lebensanschauung).

„Der Optimist sieht in jedem Problem eine Aufgabe. Der Pessimist sieht in jeder Aufgabe ein Problem."
Quelle unbekannt

Wenn Sie eine Aufgabe bekommen, tragen zwei Dinge zum Erfolg bei: wollen und können.
Klingt einfach und selbstverständlich, ist es in der Praxis aber nicht. In der Situation erleben wir zusätzliche Problemstellungen oftmals als Bedrohung, denn meistens ist es so, dass wir mit Aufgaben überschüttet werden und eine zusätzliche Anforderung das Fass sprichwörtlich zum Überlaufen bringt.

Wichtig ist, dass wir Tatsachen und emotionale Mutmaßungen in der Situation differenzieren können.

Praxisbeispiel „neue Aufgabe vom Chef" aus Mitarbeitersicht

Ist-Zustand
Sie sind bereits zu 100% ausgelastet.
Der Chef hat eine weitere Aufgabe.

Mutmaßung
„Mein Chef ist rücksichtslos, mag mich nicht oder hat keinen Überblick, denn er ignoriert, dass ich schon über Gebühr ausgelastet bin".

Keine Lösung
Bissige Kommentare zum Chef und/oder zu Kollegen bzw. der Ehefrau sind kontraproduktiv, z.B. „was soll ich denn noch alles tun?".

Lösung
Fragen Sie nach dem Terminwunsch und dem Qualitätsanspruch bzw. Detaillierungsgrad.
Falls der Wunschtermin nicht machbar ist – sagen Sie offen, dass Sie damit einen Zielkonflikt haben.
Machen Sie gleichzeitig Vorschläge zur Lösung des gemeinsamen Problems: „reicht im ersten Schritt eine grobe Schätzung?
Wenn ja, – könnte ich dies morgen machen."

**„Wer will findet Wege,
wer nicht will findet Gründe."**
Holger Sobanski

Aus Sicht des Chefs ist es tatsächlich nicht so einfach zu beurteilen, ob oder wie stark ein Mitarbeiter ausgelastet bzw. überlastet ist.
Als Chef hat man zuerst einmal ein Problem, das gelöst werden muss. Deshalb spricht man den Mitarbeiter an, der die Aufgabe vermeintlich am bestens oder schnellsten lösen kann.
Mit hoher Wahrscheinlichkeit werden somit die fähigsten, zuverlässigsten und eher aufgeschlossenen Mitarbeiter gefragt, also genau die, zu denen Vertrauen existiert.

Somit bekommen die Mitarbeiter weitere Aufgaben, die so und so schon überlastet sind.
Manchmal bekommen auch nur die Mitarbeiter Aufgaben, die gerade zufällig in der Nähe sind.
Klar, der Vorgesetzte geht dabei zwar eigennützig vor, aber eher verklärt naiv als böswillig - nach dem Motto „Fragen kostet ja nichts".
Die Kehrseite dieser Medaille sieht aus Sicht des Chefs leider so aus:

**„Es gibt Leute, die in jeder Suppe ein Haar
finden, weil sie solange mit dem Kopf schütteln,
bis eines hineinfällt."**
Friedrich Hebbel

In der Praxis erlebe ich immer wieder Mitarbeiter, die lieber eine Stunde diskutieren, um zu begründen, warum sie eine Aufgabe nicht

machen können, als die Aufgabe zu übernehmen. Das Dumme daran ist, dass ich als Vorgesetzter hinter her total genervt bin, weil ich latent unterstelle, dass der Mitarbeiter diese Aufgabe in der Zeit bereits zum großen Teil erledigen hätte können.
Die gemeinsame Zeit mit Ihrem Chef sollten Sie besser nutzen. Auf der anderen Seite sollten Sie grundsätzlich nur Zusagen machen, die Sie auch wirklich einhalten können.

„Ja zu sagen und Nein zu denken erzeugt Stress"
Jens Corssen

Deshalb ist es manchmal unumgänglich „Nein" zu sagen – und dies sollte dann auch klar und unmissverständlich formuliert werden. Trotzdem ist es hilfreich, dass Sie Verständnis für die Anfrage demonstrieren.

Prüfen Sie deshalb, ob Ihr Nein mit einer eingeschränkten Zusage verbunden werden kann, die Sie an klare Bedingungen oder Gegenleistungen knüpfen.

„Wer sich zu wichtig für kleine Arbeiten hält, ist oft zu klein für wichtige Arbeiten."
Jacques Tati

**Praxisbeispiel „neue Aufgabe"
aus Sicht des Chefs**

Ist-Zustand
Der Mitarbeiter sagt, er sei bereits zu 100% ausgelastet.

Mutmaßung des Chefs
„Stimmt das wirklich, dass der Mitarbeiter seine Prioritäten nicht entsprechend anpassen kann - hat er nicht zumindest mehr Kapazität als sein Kollege? Der will vermutlich nicht. Ende der Diskussion. Er muss es tun, egal wie".

Keine Lösung
Unendliche Diskussionen, „keine Zeit" oder „die Aufgabe macht keinen Sinn".

Lösung
Wenn Sie eine Aufgabe nicht übernehmen wollen oder können, sollten Sie die Lage wohlwollend analysieren, aber schnell auf den Punkt kommen mit Hilfe von Fakten: „eigentlich ist es zeitlich nicht zu machen, trotzdem prüfe ich, ob bzw. wie ich diesen Zielkonflikt lösen kann".
Seien Sie immer konstruktiv und bieten Sie Alternativen an: „ich übernehme die Aufgabe, allerdings wird sich das Projekt XYZ um eine Woche nach hinten schieben – wäre das eine akzeptable Alternative für Sie?"

Nichts ändert sich, außer ich ändere es

„Weltverbesserer sind Leute, die sofort das ganze Haus einreißen, wenn eine Tür quietscht."
Gustav Knut

Der Jammer mit den Weltverbesserern ist, dass sie nicht bei sich selbst anfangen, denn wer jammert handelt nicht. Es zeigt sich in Aussagen wie „warum weiß mein Chef mich nicht zu schätzen?" oder „ich habe schon immer gesagt, dass dies Mist ist, aber es hört keiner auf mich und tut etwas".

„Die meisten Menschen sammeln nur Informationen, um ihre eigene Wahrheit zu bestätigen."
Jens Corssen

Sind Sie unzufrieden mit Ihrer Situation, der Aufgaben, der Firma, der Kollegen oder der Chefs?
Steigen in Ihnen Gedanken hoch wie „das Leben meint es nicht gut mit mir" oder „der Partner oder die Firma verkennen mich"?

Dann wird es Zeit, dass Sie aktiv werden und die Dinge zum Besseren ändern. Beschäftigen Sie sich weniger mit dem Ärger, als mit dessen Beseitigung. Reden Sie sich auf gar keinen Fall ein, dass Sie benachteiligt sind oder nichts tun können. Denn sollte das wirklich der Fall sein, gibt es nur genau zwei Möglichkeiten: Sie gehen oder Sie arrangieren sich mit der Situation.

Zwingen Sie sich zu einer nüchternen Entscheidung und sagen Sie dann „das ist heute meine Entscheidung" und nicht „ich muss". Dann werden zum selbstbestimmten Macher anstatt in einer Opferrolle zu verharren.

**„Du hast immer drei Möglichkeiten:
Love it, leave it or change it."**
Henry Ford

Schauen Sie nach vorne und versuchen Sie das Positive zu sehen und lernen Sie zufrieden zu sein. Alles andere verdirbt nur Ihre eigene Laune und die der anderen - und damit werden Sie keinen Erfolg haben.
Wenn Sie positiv eingestellt sind und ungeplante negative Situationen gelassen hinnehmen, werden Sie Ihre Ziele leichter erreichen. Wenn Ihnen das schwer fällt, könnten Sie zum Beispiel einen Zettel in der Tasche dabei haben mit der Aufschrift „Denk positiv Du Idiot".

„Du musst das Turnier lieben wenn Du hier gewinnen willst."
Boris Becker

Am Anfang meines Berufslebens habe ich gedacht: „für meinen Chef ist es einfacher, sich durchzusetzen; als Mitarbeiter muss ich andere überzeugen". Später in der Vorgesetztenrolle habe ich erkennen müssen, dass sich an der Notwendigkeit, andere zu begeistern, nichts ändert. Das ist auch gut so, denn nur die besten Vorschläge und Argumente sollten sich durchsetzen - nicht Willkür.

Wir jammern oftmals, dass unser Chef das Problem nicht versteht - aber nehmen wir uns wirklich die Zeit, um das Thema aufzuarbeiten und zu präsentieren?
Machen Sie sich klar, dass auch der beste Vorschlag nur akzeptiert und verwirklicht wird, wenn andere diesen auch verstehen. Wenn Sie sich nicht durchsetzen konnten, lag es am Ende an Ihrer ungenügenden Vorbereitung, am ungünstigen Zeitpunkt, an der unklaren Argumentation und, und, und.

Oft ist es so, dass nicht die anderen uns hindern, sondern wir uns selber, indem wir uns falsch verhalten. Leider ist es auch verbreitet, dass wir die Umstände als Ausrede verwenden und uns in die Tasche lügen.

**„Nichts ändert sich, außer ich ändere mich.
Alles verändert sich, sobald ich mich ändere."**
Ulrich Pramann

Suchen Sie nicht die Schuld bei anderen, aber hadern Sie auch nicht zu sehr mit sich und der Situation. Gestehen Sie anderen, aber auch sich selber zu, nicht alles perfekt machen zu können. Lernen Sie aus den gemachten Fehlern und packen Sie die Aufgaben weiterhin mit Enthusiasmus an.
Bringen Sie neue Ideen ein, machen Sie Dinge besser als bisher, gestalten Sie Ihr Umfeld. Lassen

Sie sich auf keinen Fall zu Lethargie, schlechter Laune oder zu Rechtfertigungen hinreißen.

**„Es ist weniger schwierig,
Probleme zu lösen als mit Ihnen zu leben."**
Pierre Teilhard de Chardin

Entscheiden Sie sich für proaktive Reaktionen, denn das heißt Verantwortung für Ihr Denken und Tun zu übernehmen und nicht andere Menschen oder Umstände verantwortlich zu machen. Sie werden sehen, wie viel Spaß das machen kann und wie viel Erfolgserlebnisse Sie dadurch generieren können und somit Energie gewinnen.
In jeder Situation haben Sie die Wahl, aus Mücken Elefanten zu machen, Dinge nüchtern abzuhaken oder durch eine konstruktive Analyse zu verbessern. Wer agiert und nicht reagiert gewinnt Macht über sich selbst. Wer auf seiner Sichtweise beharrt, raubt sich selber Chancen.

**„Dinge wahrzunehmen ist der
Keim der Intelligenz."**
Laotse

Kennen Sie das? Ihr Bauch sagt Ihnen, dass Sie eigentlich etwas tun sollten, z.B. „Wenn ich Herrn Maier nicht von dieser Änderung informiere, ist er eventuell beleidigt und zieht nicht mit". Sie denken kurz nach und sagen sich: „Es ist doch nicht meine Aufgabe ihm jede Kleinigkeit zu berichten, außerdem habe ich etwas Wichtigeres zu tun".

Und was passiert?

Herr Maier ist am Tag X tatsächlich ernsthaft böse auf Sie weil er nicht direkt von Ihnen informiert wurde. Jetzt müssen Sie wieder alle diplomatischen Künste auspacken, um Herrn Maier zu beruhigen, aber die Beziehung ist auf dem Tiefpunkt.
Wäre es nicht einfacher gewesen, Ihrer inneren Stimme zu folgen? In jedem Fall benötigen Sie jetzt viel mehr Zeit mit dieser Lappalie.

Und was lernen wir daraus?

**„Gefühle geben Hinweise,
was ich eigentlich tun sollte."**
Holger Sobanski

Die Dinge, die sich zu einem ernsthaften Problem auswachsen können, müssen im Vorfeld bedacht werden – im Zweifelsfall hören Sie auf Ihren Bauch.

Aufgrund unserer Vorlieben und Gewohnheiten machen wir oftmals immer wieder die gleichen Unterlassungssünden und vergessen Dinge, die unseren Kollegen, Mitarbeiter oder Chefs wichtig sind.

„Misserfolg ist die Chance, es beim nächsten Mal besser zu machen."
Henry Ford

Aber genau diese Schwächen und die daraus resultierenden Fettnäpfchen können Sie vermeiden, in dem Sie sich jeden Tag fünf Minuten diszipliniert Zeit nehmen, um zu überlegen, welche kleinen Dinge Sie trotz aller Hektik angehen müssen, weil sie für Ihren Erfolg wichtig sind.

Eine gute Planung ist die Basis für den Tag

- Die Aufgaben werden nach Prioritäten sortiert
- Dringendes kann zügig bearbeitet werden, da Reserven eingeplant sind
- Ablenkungen werden bewusst ausgeblendet
- Zeitreserven zwischen den Terminen sorgen für Pünktlichkeit
- Am Abend bleibt noch Zeit, um alle wichtigen E-Mails zu lesen
- Die Vorbereitung der kommenden Tage bildet den Abschluss

Abends kontrolliere ich deshalb noch mal die erledigten Aufgaben, bewerte den Ausgang des Tages und gehe noch mal die geplanten Termine des nächsten bzw. der kommenden Tage durch.

In diesem Zusammenhang überlege ich z.B. „worüber muss ich meinen Chef oder mein Team informieren", „mit wem sollte ich mal wieder zum Mittagessen gehen", „welche Besprechung muss ich noch vorbereiten".

Auf diese Weise mache ich jeden Abend meinen Kopf frei für den Feierabend.

Ihre Arbeit ist Ihre Visitenkarte

„Es ist ein großes Glück, wenn wir die Fehler, aus denen wir lernen können, möglichst früh machen."
Sir Winston Churchill

Fehler zu machen ist keine Schande, solange man sie als Wachmacher nutzt und aus ihnen lernt. So gesehen haben Leute mit einem großen Erfahrungsschatz einen großen Vorzug - sie machen nur neue Fehler.

Das klingt ja erst mal beruhigend. Trotzdem:

„Die Menschen stolpern nicht über Berge, sondern über Maulwurfshügel."
Konfuzius

Gemachte Fehler sind für die Firma, die Kollegen bzw. Ihren Chef ärgerlich. Dabei spielt es keine Rolle, ob Sie im Stress waren oder Sie z.B. die dringende Auswertung Ihrem Chef zuliebe überhastet geliefert haben.

„In Zeitnot macht man nicht die besten Züge."
Quelle unbekannt

Die Arbeit, die Sie abgeben, ist Ihre Visitenkarte. Gibt Ihr Chef diese Arbeit weiter, trägt sie auch seine Handschrift mit allen Konsequenzen. Nehmen wir an, Sie haben eine aufwändige

Präsentation gemacht, die Ihr Chef im obersten Management vorstellt. Nun stimmt leider die entscheidende Auswertung nicht. Dies ist Ihnen bei der Verdichtung von Daten in Excel gar nicht auf gefallen.

Nun gibt es zwei Möglichkeiten: das Gremium fällt eine falsche Entscheidung und es wird unter Umständen teuer für das Unternehmen oder dieser Fehler ist so offensichtlich, dass Ihre Auswertung und damit Ihre ganze Präsentation in Frage gestellt wird. Diesen Makel tragen Sie eine längere Zeit mit sich herum, dummerweise auch Ihr Chef. Verständlicherweise dauert es etwas, bis wieder Vertrauen in Ihre Arbeitsergebnisse existiert.

„EDV-Systeme verarbeiten, womit sie gefüttert werden. Kommt Mist rein, kommt Mist raus."
André Kostolany

Deshalb sollten Sie vermeiden, wichtige Briefe oder Auswertungen noch am Tag der Erstellung abzugeben. Beginnen Sie bei wichtigen Unterlagen rechtzeitig, so dass Sie das Ergebnis überschlafen und am nächsten Morgen nochmals konzentriert überprüfen können – insbesondere auf Plausibilitäts- und Rechtschreibfehler.

„Es ist einfacher, eine Sache richtig zu machen, als zu erklären, warum man sie falsch gemacht hat."
Henry Longfellow

Sollte Ihnen wirklich ein entscheidender Fehler passieren, so entschuldigen Sie sich dafür und überlegen, wie Sie die Sache beim nächsten Mal besser machen. Fehler zu leugnen oder zu verteidigen, macht Sie unsympathisch, raubt Ihnen unnötig Energie, und ist schlichtweg für Ihre Firma nicht effizient.
Deshalb investieren Sie Energie für Ihre eigene Qualitätskontrolle, solange es verhältnismäßig ist. Werden Sie nicht zum „Griffelspitzer". Trotzdem nehmen Sie sich für besonders wichtige Arbeiten ausreichend Zeit, um das Ergebnis vor dem Versenden nochmals entspannt und konzentriert prüfen zu können.

„Es stimmt nicht, dass der Erfolg die Menschen verdirbt. Die meisten Menschen werden durch den Misserfolg verdorben."
W. Sommerset Maugham.

Ausreden und Rechtfertigungen machen die Sache kompliziert. Nicht umsonst heißt es: Lügen haben kurze Beine – alles kommt irgendwann heraus.
Es ist deshalb nicht ratsam, Fehler oder Versäumnisse zu vertuschen oder zu bagatellisieren. Sprechen Sie entsprechende Dinge von Interesse offen und unverzüglich an – dann ist es raus und dieses kleine Problem wird nicht ungeplant zu einem großen Thema.

„Die Wahrheit ist eine unzerstörbare Pflanze. Man kann sie ruhig unter einen Felsen vergraben, sie stößt trotzdem durch, wenn es an der Zeit ist."
Frank Thiess

Erst dienen, dann verdienen

"Der Wunsch, Nutzen zu bieten, ist die Grundlage des Erfolges und des guten Einkommens."
Gustav Großmann

In meinem Berufsleben habe ich oft den Spruch gehört: „wenn ich so viel verdienen würde wie Herr Maier, dann würde ich mich viel mehr engagieren". Ist das so? Meiner Erfahrung nach wird umgekehrt ein Schuh daraus.

„Erst dienen, dann verdienen."
Georg H. Endress

Wer seine eigene Leistung und Motivation am Gehalt oder Status ausrichtet, der bekommt was er verdient, nämlich keine verantwortungsvollen Aufgaben und am Ende keine Gehaltserhöhung.
Menschen die so agieren ziehen sich auf eine Opferrolle zurück und beschreiben ihr Umfeld als negativ, denn auf diese Weise schieben Sie die Verantwortung anderen zu und lenken von sich ab. Wer sich auf das Jammern zurückzieht wird auf Dauer handlungsunfähig.

Und was ist am Ende das Problem?

Es ist dieser eine Mitarbeiter, den man irgendwann meidet, wenn es wirklich darauf ankommt. Nur wer Aufgaben meistert, die über die Mindesterwartung hinausgehen, kann sich positiv absetzen und profilieren. Wenn Sie also immer Ihr volles Engagement einbringen, wird das gesehen werden und Sie schaffen sich Gelegenheiten für Erfolgserlebnisse.

„Nur im Wörterbuch steht Erfolg vor Fleiß."
Vidal Sassoon

Fleiß allein garantiert nicht den Erfolg und kann fehlende Begabung nicht komplett ersetzen. Mitarbeiter, die Leistung jedoch auf Fleiß gründen sind das Fundament einer Abteilung.
Fleiß bedeutet, dass ich mit Freude an die Arbeit gehe und nicht eher aufhöre bis sie getan ist. Das heißt auch, dass Sie nicht nur das tun, was Ihnen Spaß macht oder für das Sie sich eindeutig zuständig fühlen, sondern Freude an Arbeit entwickeln, die einfach zu tun ist.

„Man muss Gefallen finden an dem, was man tut. Es hat keinen Sinn, nur das zu tun, was einem gefällt."
Sir Winston Churchill

Begabung und Kreativität sind natürlich wichtig, aber Talent ohne Fleiß ist unberechenbar und reicht nicht für eine Karriere. Wichtig für Ihren Chef und damit für Ihren Erfolg ist, dass Sie offen und verlässlich sind.
Zuverlässigkeit sollte Ihr Markenzeichen sein, denn wenn man sich auf Sie verlassen kann, wird man Ihnen vertrauen. Zuverlässigkeit fängt bei den kleinen Dingen an. Deshalb ist Pünktlichkeit als Ausdruck von Disziplin ein absolutes Muss,

denn es bedeutet das Einhalten einer Vereinbarung. Japaner sagen einem unpünktlichen Menschen nach, dass er seine Partner nicht ernst nimmt und das stimmt.

Zuverlässigkeit als Markenzeichen

- Sagen Sie Besprechungen unverzüglich zu (oder mit Begründung ab)
- Seinen Sie pünktlich – informieren Sie, falls Sie später kommen
- Halten Sie Ihre Zusagen ein, lösen Sie Aufgaben in angemessener Zeit
- Machen Sie bei großen Aufgaben keine vorschnellen Zusagen
- Helfen Sie bei Notfällen und machen kleine Gefälligkeiten
- Geben Sie rechtzeitig Rückmeldungen über Verzögerungen
- Seien Sie unkompliziert und bemüht
- Seien Sie ehrlich, aber nicht naiv oder undiplomatisch

Wenn Sie Ihre Kollegen oder Ihrer Chef spontan unterstützen, heißt dies nicht, sich jeden „Käse" aufhalsen zu lassen. Sondern es heißt, anderen zu helfen, wenn sie nicht mehr weiter wissen.

**„Jeder nützt sich am meisten,
wenn er sich anderen als nützlich erweist."**
Lucius Annaeus Seneca

Dies hat drei entscheidende Vorteile. Sie sorgen dafür, dass Ihr Unternehmen eine Aufgabe schnell und effizient löst, Ihre Unterstützung festigt das Vertrauensverhältnis und es macht einfach Spaß.
Wenn es Ihnen im Augenblick wirklich zeitlich überhaupt nicht passt, nimmt es Ihnen niemand krumm - denn man weiß, dass Sie helfen würden. Das Beste an der Sache ist, dass Sie nach und nach ein Netzwerk aufbauen.

„Jeder erfolgreiche Mensch beschäftigt sich mit den Interessen der anderen - der erfolglose und der gewöhnliche vorwiegend mit den eigenen."
Alfred Adler

Wenn Sie selber Hilfe brauchen, wird man Sie ebenfalls nach besten Kräften unterstützen. Sollten hier einseitige Verhältnisse entstehen, weil ein Kollege Sie ausnutzt, so bleiben Sie weiterhin freundlich, aber stellen Ihre Unterstützung merklich ein.

„Man muss mit der Wurst nach dem Schinken schmeißen"
Redensart

Ihr Chef wird nach und nach immer wichtigere Aufgaben an Sie delegieren – und siehe da – Sie werden bald mehr verdienen als Herr Maier.

Vertrauen in Vertrauen

„Wenn Sie Vertrauen geben, flutet es zurück."
Reinhard K. Sprenger

Halten Sie Ihre Versprechen? Falls nicht, schwächen Sie sich selber. Wenn Sie Vereinbarungen nicht halten, werden Ihnen andere kein Vertrauen schenken - noch schlimmer: Sie selber spüren, dass man Ihnen nicht trauen kann. Also werden Sie im Allgemeinen misstrauisch reagieren. Und wenn Sie jemanden misstrauen, wird er Ihnen nie beweisen können, dass er Ihr Vertrauen verdient. Dies zeigt, dass Vertrauen wechselseitig ist.

„Vertrauen im Allgemeinen. Misstrauen im Besonderen. Nicht anders herum."
Reinhard K. Sprenger

Wenn Sie in eine Negativspirale des Misstrauens geraten, kommen Sie nicht schnell wieder heraus. Damit es nicht so weit kommt, sollten Sie im Zweifelsfall den ersten Schritt in Richtung Vertrauen tun. Genauer gesagt, ist „zu vertrauen" die einzige Möglichkeit, vertrauenswürdigen Menschen zu begegnen – und das lohnt sich. Vertrauen, als Grundlage für unser Zusammenleben, macht vieles einfacher, reduziert Aufwand und sorgt damit für schnelle und unkomplizierte Abläufe.

Vertrauen gibt es nicht ohne Risiko und beruht auf Kompetenz und Loyalität. Wenn Sie jemanden vertrauen heißt dies: ich bin bereit, auf Kontrolle weitgehend zu verzichten, weil ich davon ausgehe, dass der andere kompetent und integer ist.

> **Kooperations-/Vertrauens-Regelschleife**
>
> - Kooperieren Sie und schenken Sie im Zweifelsfall Vertrauen.
> - Wird die Kooperation erwidert, schenken Sie dauerhaft Vertrauen.
> - Wenn nicht, brechen Sie die Kooperation in aller Klarheit ab.
> - Erneute Vertrauensangebote machen Sie erst nach einer gewissen Zeit.
> - Nun hat der Partner die Chance, den Vertrauensbruch gut zu machen.
> - Falls er dem nicht nachkommt, gibt es in der Zukunft noch maximal ein Kooperationsangebot.

Das Wertvolle an Vertrauen ist, dass es die Möglichkeit der Enttäuschung gibt. Wer Vertrauen gibt, macht sich verwundbar. So entwickelt sich die verpflichtende Kraft des Vertrauens.
Deshalb kann es gerade in schwierigen Situationen wichtig sein, dass Sie delegierte Aufgaben nicht wieder an sich reißen, sondern den anderen in der Verantwortung lassen und

ihm das Gefühl geben, dass es wirklich auf ihn ankommt.

„Wer nicht genügend vertraut, wird kein Vertrauen finden."
Laotse

Werden wir selber als vertrauenswürdig behandelt, fühlen wir uns innerlich verpflichtet etwas zurück zu geben. Es entsteht geradezu ein Sog aus dem entgegengebrachten Vertrauen. Das Schenken von Vertrauen kommt einer Einzahlung auf ein virtuelles Beziehungskonto gleich, dessen Schieflage nur durch eine Gegenleistung ausgeglichen werden kann. Manche Menschen lassen sich genau deshalb intuitiv nicht auf Vertrauensangebote ein, um der Verpflichtung zu entgehen.

„Nichts kann Menschen mehr stärken als das Vertrauen, das man ihm entgegenbringt."
Adolf von Harnack

Wenn Ihnen Vertrauen geschenkt wird, versuchen Sie Ihr Bestes zu geben. Andererseits finden Sie nur Vertrauen wenn Sie etwas leisten, was dem anderen von Nutzen ist (Nölke, 2009). Wenn jemand Ihre Kompetenz einschätzen kann, wird er Ihnen etwas zutrauen. Als Vertrauensgeber darf er Sie zwar fordern, aber nicht hängen lassen, denn er bleibt mitverantwortlich – und sei es nur weil er Sie für die Aufgabe ausgewählt hat.
Wenn er Sie im Sinne einer Bevormundung kontrolliert, schwächt er das Vertrauensverhältnis

und damit auch das resultierende Ergebnis. Auf der anderen Seite ist es unerlässlich, dass sich Vertrauen bewährt, d.h. wir müssen die Leistung des anderen am Ende bewerten, also doch kontrollieren, ob sich der andere als vertrauenswürdig erwiesen hat.

„Kontrolle ohne Vertrauen funktioniert nicht."
Matthias Nölke

Vertrauen dürfen wir also nicht mit blindem Vertrauen verwechseln. Denn genau dieses schürt das Misstrauen. Die richtige Dosierung von Loslassen bzw. „nicht ständig über die Schulter schauen" und Interesse im Sinne von „wie weit bist Du, kann ich Dich unterstützen?" führt zur Festigung des Vertrauensverhältnisses.

„Zuviel Vertrauen ist häufig eine Dummheit, zu viel Misstrauen ist immer ein Unglück."
Johann Nepomuk Nestroy

Vertrauen hilft Rückschläge zu verkraften und ist eine Energie der Zuversicht, die das Wohlbefinden erhöht. Letztendlich ist Vertrauen die Quelle für Selbstvertrauen. Auch wenn es möglich ist, dass Ihre hohe Vertrauensbereitschaft statistisch gesehen öfter zu Enttäuschungen führen könnte, so ist es doch wahrscheinlicher, dass Ihnen Vorteile entgehen, wenn sie ein erhöhtes Misstrauen zeigen.

„Ich vertraue, und manchmal werde ich enttäuscht, aber das nehme ich in Kauf."
Reinhard K. Sprenger

Beim Aufbau von Vertrauen sind auch die kleinen Dinge wichtig. Gerade wenn wir neue Menschen kennenlernen, wirken schon kleinste Gemeinsamkeiten vertrauensfördernd. Ob es um den gemeinsamen Wohnort, eine ähnliche Ausbildung oder gemeinsame Vorlieben geht: schon minimale Gemeinsamkeiten stärken die Vertrautheit – nach dem Motto „Sie sind wie ich", „Sie sind einer von uns" und „wir verstehen uns".
Leider neigen wir auch bei Kleinigkeiten im negativen Sinne zu Rückschlüssen auf den Charakter des anderen. Nach dem Motto, wenn es schon bei den kleinen Dingen etwas zu beanstanden gibt, haben wir Grund anzunehmen, dass dies erst recht für schwierige Projekte gilt.
Rechtschreibfehler werden deshalb oftmals nicht als Nachlässigkeit behandelt, sondern entziehen Ihnen das Vertrauen für Aufgaben, bei denen absolut Verlass auf Sie sein muss.

Unsere Welt wird immer komplexer. In vielen Unternehmen sind flexible virtuelle Organisationsformen und die internationale Arbeit mit Hilfe von Konferenzsystemen gelebte Realität. In unserer globalen Welt kann sich Vertrauen nicht mehr aus Vertrautheit entwickeln. Umso wichtiger ist das Vertrauen in Vertrauen.

„Je virtueller unsere Welt ist, desto wichtiger wird Vertrauen als Organisationsprinzip."
Reinhard K. Sprenger

Je intensiver wir Vertrauensverhältnisse eingehen, umso weiter geht unser Einfluss. Vertrauen zu geben ist nicht nur schnell und effektiv, es macht schlichtweg Freude.

Sollten Sie wirklich mal das Vertrauen verspielt haben, hilft nur, dass Sie den Fehler ohne „wenn und aber" eingestehen und sich entschuldigen.

„Das Vertrauen ist eine zarte Pflanze. Ist es einmal zerstört, so kommt es so bald nicht wieder."
Otto Eduard Leopold von Bismarck

Erwarten Sie nicht, dass nach der Entschuldigung und dem Schuldeingeständnis sofort wieder alles beim Alten ist sondern üben Sie sich in Geduld – nur die Zeit heilt alle Wunden.

„Schmutziges Wasser wird wieder klar, wenn man es stehen lässt."
Laotse

Lächeln Sie jeden Tag

„Du lächelst und die Welt verändert sich."
Buddha

Wann glauben Sie eine Botschaft? Wenn der Inhalt, der Tonfall, die Stimme und vor allem die Körpersprache übereinstimmt. Durch Ihre Körpersprache beeinflussen Sie Ihren Tonfall und umgekehrt. Wenn Sie neben dem Telefonat noch parallel etwas anderes tun, wird Ihr Gesprächspartner dies registrieren – dies stört die Kommunikation. Umgekehrt merkt man Ihnen ein Lächeln auch am Telefon an.
Ihr Lachen oder Lächeln signalisiert dem Gehirn außerdem, dass es Ihnen gut geht und Ihr Gehirn produziert Endorphine, die das „Ärgerhormon" Adrenalin neutralisieren. Selbst eine Minute Lächeln führt zu Glückshormonen im Körper und somit zu einer verbesserten Gemütslage. Noch besser wirkt ein herzhaftes Lachen.

**„Der verlorenste aller Tage ist der,
an dem man nicht gelacht hat."**
Nicolas Chamfort

Gibt es etwas Schöneres als zwischendurch mal ausgelassen Lachen zu können? Gute Stimmung beflügelt Sie und Ihre Kollegen und ist letztlich das Öl im Getriebe der Zusammenarbeit.

„Nichts in der Welt ist so ansteckend wie Gelächter und gute Laune."
Charles Dickens

Psychologischen Studien zufolge dauert es nur 30 Sekunden, bis wir uns ein Bild vom Gegenüber gemacht haben. Danach kostet es viel Energie dieses Bild wieder gerade zu rücken. Deshalb heißt es allgemein, dass der erste Eindruck zählt.

„Für den ersten Eindruck gibt es keine zweite Chance."
Arthur Schopenhauer

In einer engen Zusammenarbeit zählt letztlich jeder Moment der Interaktion. Wenn Sie bei jeder Frage an Ihren Kollegen eine unwirsche Antwort oder missmutige Blicke ernten, werden Sie nicht gerne mit ihm zusammenarbeiten. Wie schön sind da gute Umgangsformen, ein freundliches Gesicht und eine konstruktive wertschätzende Kommunikation.

„Ein Lächeln ist die kürzeste Entfernung zwischen zwei Menschen."
Victor Borge

Gehen Sie deshalb auf jeden zu und heißen Sie jeden willkommen. Auch wenn Sie in Eile sind, bleibt genug Zeit für kurze nette Worte und ein Lächeln. Dann wird man Ihnen auch ein „tut mir leid, aber ich habe es sehr eilig" verzeihen.
Sorgen Sie für gute Stimmung in Ihrem Team und lassen Sie sich nicht von Miesepetern die Laune verderben.

„Das ärgerliche am Ärger ist, dass man sich schadet, ohne anderen zu nützen."
Kurt Tucholsky

Versuchen Sie Ärger zu entschärfen und bauen Sie nicht unnötig Feindbilder auf. Reife Menschen regen sich nicht über böse Bemerkungen anderer auf. Lassen Sie es nicht zu, dass Sie für unfreundliche Menschen Energie verschwenden.

„Wer lächelt statt zu toben ist immer der Stärkere."
Laotse

Angriffe können Sie mit Humor elegant ins Leere laufen lassen. Dieses Mittel hat den Vorteil, dass Sie dem Angreifer zeigen, was Sie von seinem Handeln denken, aber auch dass Sie an einer Ausweitung der Diskussion nicht interessiert sind. Sie haben die Situation im Griff, aber gleichzeitig wird die Situation deeskaliert, da kein direkter Gegenangriff Ihrerseits erfolgt ist.

„Lächeln ist die eleganteste Art, seinen Gegnern die Zähne zu zeigen."
Werner Finck

Gleichzeitig gilt: je früher Sie eine echte Kommunikationsstörung erkennen, umso leichter ist es für Sie, eine Lösung zu erzielen.
Wenn Sie ein zwischenmenschliches Problem nicht rechtzeitig ansprechen und lösen, wird daraus ein Konflikt. Spätestens jetzt wird es Zeit das Thema anzugehen.

In jedem Fall sollten Sie ein klärendes Gespräch nur dann führen wenn Sie emotional ausgeglichen handeln können.

Entscheidend ist die Aussprache wertschätzend zu führen, denn erst muss der Konflikt auf der Beziehungsebene bereinigt sein, um dann konkrete tragfähige Lösungen zu finden. Außerdem kann es sein, dass Sie die Sachlage falsch einschätzen.

Legen Sie sich also den ersten Satz zurecht und hören Sie sich die Argumente des Konfliktpartners an, z.B. „wenn ich sehe, dass dies und jenes passiert, bin ich irritiert, weil mir folgendes wichtig ist – wie stellt sich das aus Deiner Sicht dar?" Alleine dies kann schon ein großer Schritt zur Deseskalation sein.

„Lebenskunst besteht zu 90 Prozent aus der Fähigkeit, mit Menschen auszukommen, die man nicht leiden kann."
Samuel Goldwyn

Seien Sie effektiv und effizient

„Es ist besser die richtige Arbeit zu tun (Effektivität) als eine Arbeit richtig zu tun (Effizienz)."
Peter Drucker

Der grundsätzliche Unterschied zwischen dringenden und wichtigen Aufgaben ist, dass die dringenden Aufgaben auf Sie einwirken, während die wichtigen Aufgaben darauf warten, erledigt zu werden (Frenzel, 2000).
Sie sollten sich also immer wieder fragen, was sofort gemacht werden muss und was die Firma mittel- und langfristig weiterbringt. Das Letztere kann ein Projekt oder eine komplexere Aufgabenstellung sein. Hier wirken sich drei Effekte ungünstig auf Ihre Effizienz aus:

a) „Ich lasse mich durch Störungen und dringende Anforderungen ablenken"
b) „Ich schiebe die Aufgabe vor mir her, weil ich nicht weiß, wie ich sie angehen soll"
c) „Ich übernehme insgesamt zu viele Aufgaben".

Um alle drei Punkte in Griff zu bekommen, sollten Sie im ersten Schritt festlegen, wie viel Prozent Ihrer Zeit Sie jeweils für Tagesgeschäft und für wichtige Aufgaben bzw. Projekte aufwenden. Die optimale Balance hängt stark von Ihrem Job bzw. Arbeitsfeld ab.

**„Wenn Du alles unter Kontrolle hast,
fährst Du zu langsam."**
Stirling Moss

Im Rahmen Ihres Tagesgeschäft-Kontingents arbeiten Sie Ihre Aufgaben nach Priorität ab. Um sich nicht zu verzetteln, bringen Sie die angefangenen Aktivitäten in möglichst einem Rutsch zu Ende. Fangen Sie also nicht mehrere Dinge gleichzeitig an, sondern versuchen Sie offene Aufgaben vom Tisch zu bekommen, denn jede nicht erledigte Anforderung belastet Sie indirekt. Dieser „offene Zyklus" kreist in Ihrem Gehirn ständig weiter. Jede erledigte Aufgabe nimmt nicht nur Last von der Schulter, sondern macht den Kopf frei. Ein erfolgreicher Abschluss erzeugt regelrecht Glücksgefühle und somit Energie. Deshalb ist es sinnvoll, dass Sie abwechselnd eine priorisierte und schnell zu erledigende Aufgaben abarbeiten.

**„Was man nicht zu machen braucht,
braucht man auch nicht gut zu machen."**
Kenneth Blanchard

Aufgaben, Unterlagen, Briefe, E-Mails und Prospekte der Kategorie „nicht dringend und nicht wichtig" kommen sofort in den Papierkorb. Falls Ihnen dies zu schnell geht, empfehle ich Ihnen dafür eine Schublade, die Sie zur Aufbewahrung dieser Unterlagen verwenden. Immer wenn dieses Fach voll ist, entsorgen Sie jeweils die ältere Hälfte des Stapels. Diese Methode „klar Schiff zu machen mit doppeltem Boden" beschleunigt Ihren Entschlackungs-

prozess und räumt nicht nur Ihren Schreibtisch auf, sondern auch Ihr Gehirn. Dieses Prinzip ist natürlich auch auf Ihr Datei- oder E-Mail-System anwendbar.
Sobald Ihr prozentual festgelegter Anteil am Tagesgeschäft mit den dringenden Arbeiten abgearbeitet ist, wenden Sie sich den wichtigen Aufgaben zu. Hier arbeiten Sie ebenfalls konsequent nach Priorität und nehmen sich nur 3 bis maximal 5 Top-Aufgaben vor. Alle weiteren wichtigen Aufgaben und Projekte setzen Sie auf die Warteliste.

Die Liste mit den Top-Projekten und der Warteschlange stimmen Sie regelmäßig mit Ihrem Chef ab. Im Zweifelsfall beginnen Sie mit der Aufgabe, vor der Sie am meisten Respekt haben. Sie werden sehen - wenn Sie erst einmal angefangen haben, läuft auch der Rest.

„Wer etwas Unerreichbares will, ist nicht ehrgeizig, sondern töricht."
Peter F. Drucker

Schreiben wenn es zielführend ist

„Das Beste fällt mir immer erst über dem Schreiben ein."
Gottfried Keller

Nutzen Sie Stift und Papier als Strukturierungs- und Planungshilfsmittel, denn der Prozess des Niederschreibens hilft oftmals Ihre Gedanken zu ordnen (Freemantle, 2000). Außerdem werden viele Ihrer Einfälle verloren gehen, wenn Sie diese nicht notieren. Denken Sie aus diesem Grund möglichst schriftlich.
Indem Sie Ihre Ideen zu Papier bringen, können Sie diese strukturieren, einzeln überdenken, bewerten und verbessern. Wenn Sie etwas notiert haben, kann das Unterbewusstsein weiter daran arbeiten.

„Der Mensch tut gut daran, einen Bleistift bei sich zu tragen und die Gedanken, wenn sie kommen, niederzuschreiben."
Francis Bacon

Früher kamen mir oft nachts Ideen in den Kopf. Entweder war es etwas, dass ich am Tage vergessen hatte zu erledigen oder es waren Einfälle zur Optimierung von Abläufen. Den Gedankenblitz bis zum Morgen präsent zu halten ist mir leider nicht immer gelungen.
Dann fing ich an, einen Block und einen Bleistift auf dem Nachttisch bereit zu halten. Seitdem

schreibe ich die Idee sofort auf. Danach kann ich entspannt, beruhigt und tief weiterschlafen ohne weiter an die Firma zu denken.

„Ich schreibe dir einen langen Brief, weil ich keine Zeit habe, einen kurzen zu schreiben."
Johann Wolfgang von Goethe

Eine E-Mail eignet sich hervorragend für eine reine Information - wenn sie klar und verständlich ist.
Nehmen Sie sich also Zeit, den Inhalt von Schriftstücken leicht und schnell lesbar zu gestalten. Bringen Sie Dinge auf den Punkt, damit Ihre Mails nicht flüchtig bzw. überhaupt gelesen werden.

Verständlich schreiben

- Kurze Worte und Sätze
- Vertraute Wörter
- Wenig Fachbegriffe und Fremdwörter
- Keine Abkürzungen
- Ein Gedanke pro Satz
- Das Wesentliche am Anfang
- Struktur durch Absätze
- Bildhafte Sprache und Verben
- Stimulierende Bilder und Grafiken

Wenn Ihre schriftliche Nachricht kritische und emotionsgeladene Themen tangiert oder Sie die beteiligte Person nicht so gut kennen, kann die schriftliche Information leicht falsch interpretiert werden und führt zur Eskalation von Problemen.

„Feder und Papier entzünden mehr Feuer als alle Streichhölzer der Welt."
Malcolm Stevenson Forbes

Schreiben Sie deshalb niemals, wenn ein mündliches Wort genügen würde. Benutzen Sie das Telefon oder suchen Sie die Person auf.
Schreiben Sie bitte keine Notizen als Beweis für den Fall, dass Sie es der Person unter die Nase reiben können, wenn etwas schief geht. Kritik und Beschwerden machen Sie ebenfalls persönlich und auf gar keinen Fall per Mail mit Verteiler.

„Die Aktennotiz ist die Waffe des kleinen Mannes."
Konrad Adenauer

Lassen Sie sich nie zu Ketten- und Rechtfertigungsmails mit Verteiler hinreißen. Antworten Sie immer, aber nicht immer schriftlich. Stehen Sie darüber.
Schreiben und Verteilen Sie Notizen mit Disziplin und Überlegung. Denken Sie darüber nach, wen Sie auf den Verteiler eines Schreibens setzen. Tun Sie das nie zur Absicherung, als Drohgebärde oder um zu zeigen wie toll Sie sind.

„Schreib Kränkungen in den Staub und Wohltaten in den Marmor."
Benjamin Franklin

In diesen Fällen schreiben Sie besser nicht...

- Rechtfertigungen
- Schriftstücke zur persönlichen Absicherung
- Beschwerden
- Kettenmails

Wenn Sie eine Aufgabe oder einen Meilenstein eines Projekts erfolgreich abgeschlossen haben, ist eine Notiz an Ihren Chef richtig und wichtig, damit er die Information nicht von anderen erfährt. Außerdem gehört Klappern bekanntlich zum Handwerk.

„Tu Gutes und rede darüber."
Walter Fisch

In diesen Fällen schreiben Sie...

- Anerkennen
- Informieren
- Strukturieren und planen
- Festhalten von guten Einfällen – egal an welchem Ort
- Tagesordnungen
- Ergebnisprotokolle
- Aktivitäten mit Termin und Verantwortlichen
- Einladungen
- Schulungsunterlagen
- Verträge

Grundregeln der Kommunikation

„Wir haben zwei Ohren und nur einen Mund, weshalb wir mehr hören und weniger sprechen sollten."
Salvatore Quasimodo

Möchten Sie, dass man sich gerne mit Ihnen unterhält und Sie schnell Vertrauen und Sympathie gewinnen? Dann halten Sie sich in der nächsten Unterhaltung in Bezug auf Ihre eigene Person etwas zurück.

Denn was macht Sie wirklich anziehend?

Ganz einfach: Interesse zu zeigen.

Interesse zeigen bedeutet, die eigene Erfahrung und Profilneurose beiseite zu lassen und zu sagen: „Erzähl mal…".

„Da ich wirklich sprachgewandt bin, sage ich nichts."
Robert Benchle

Denken Sie nicht sofort an den nächsten Satz, den Sie sagen wollen, noch an irgendetwas anderes, denn echtes Zuhören ist wichtiger als Reden. Damit haben Sie drei Vorteile:

- Sie bekommen viel mehr wichtige Informationen
- Sie werden als guter Gesprächspartner in Erinnerung bleiben
- Sie werden nicht als dominant oder arrogant empfunden

„Nicht das Reden, sondern das Zuhören eröffnen uns unsere Gesprächspartner."
Hermann Hesse

Bevor Sie von anderen verstanden werden wollen, sollten Sie zuerst versuchen diese zu verstehen. Statt zu schwafeln finden Sie heraus, was Ihren Gesprächspartner interessiert.

„Nur Fragen und Zuhören helfen, Klarheit zu schaffen."
Albert Einstein

Einen genauso wichtigen Anteil hat die nonverbale Kommunikation und Körpersprache. Man merkt Ihnen an, ob Sie geistig abwesend sind, Ihren Gesprächspartner interessiert zuhören, Sie Ihre Worte ernst meinen oder ob Sie unsicher sind.
Bereits durch Ihre Mimik und Gestik signalisieren Sie Aufmerksamkeit, z.B. durch Nicken oder zustimmende Laute.

„Die gute Unterhaltung besteht nicht darin, dass man selbst etwas Gescheites sagt, sondern dass man etwas Dummes anhören kann."
Wilhelm Busch

Durch aktives Zuhören signalisieren Sie Ihrem Gesprächspartner, dass er Ihre volle Aufmerksamkeit hat und überprüfen zugleich, ob Sie ihn inhaltlich verstanden haben.
Wiederholen Sie das Gesagte nochmals mit eigenen Worten ohne eine Wertung vorzunehmen, z.B. „Ihrer Meinung nach heißt dies ..." oder „hmm, Du hast in diesem Augenblick abgewartet ...". Sie werden erstaunt sein, wie Ihr Gesprächspartner aufblüht und sich verstanden fühlt.

„Alles Reden ist sinnlos, wenn das Vertrauen fehlt."
Franz Kafka

Ist die entsprechende Vertrauensbasis vorhanden, können Sie auch einen Schritt weitergehen und das wiedergeben, was Sie zwischen den Zeilen verstanden haben, d.h. was steckt hinter den Aussagen und um was geht es dem Gesprächspartner wirklich.
In diesem Fall könnten Ihre Fragen beginnen mit „das klingt als ..." oder „Ihre Erwartung ist ...". Vermeiden Sie ein Verhör bzw. Warum-Fragen, z.B. klingt „was war ausschlaggebend für ..." besser als „warum haben Sie ...".

„Jeder Mensch ist liebenswert, wenn er wirklich zu Worte kommt."
Hermann Hesse

Hören Sie ihrem Gesprächspartner ohne Werturteile zu. Unterstellen Sie ihm gute Absichten, statt zu urteilen. Der Hang zu

Vorurteilen und Kritik ist ein Hindernis in der Kommunikation und bei der Zusammenarbeit. Denn nur wenn sich Menschen akzeptiert fühlen, schwindet deren Bedürfnis, sich ständig unter Beweis stellen zu wollen (Covey, 1993).

„Erst verstehen, dann verstanden werden."
Stéphane Etrillard

Grundregeln der Kommunikation

- Halten Sie Blickkontakt und machen Sie bestätigende Gesten - ein „hmm" reicht um zu signalisieren, dass Sie aufmerksam folgen
- Konzentrieren Sie sich auf den Gesprächspartner und machen Sie nichts nebenher (Mails lesen, Handy bedienen, etc.)
- Wiederholen Sie die Inhalte des Gegenübers mit eigenen Worten
- Sprechen Sie in kurzen verständlichen Sätzen
- Nutzen Sie Verben
- Sprechen Sie langsam mit Pausen
- Nutzen Sie „ich/wir/Sie" statt „man"
- Stellen Sie offene Fragen

„Die Kommunikation ist viel wert. Aber nicht alles ist wert, kommuniziert zu werden."
Ernst Reinhardt

Zum guten Kommunizieren gehören das aufmerksame Zuhören, aber natürlich auch ein überzeugendes Argumentieren.

Überlegen Sie sich, was Ihr Zuhörer mit Ihrer Mitteilung anfängt. Über den Wert Ihrer Argumente entscheidet allein Ihr Gesprächspartner. Selbst wenn Ihnen Ihre Argumentation logisch und überzeugend erscheint, muss das lange noch nicht so ankommen.

„Was wir fragten, wird uns oft erst aus den Antworten klar."
Jean Cocteau

Vermitteln Sie Ihre Botschaft klar und verständlich. Vermeiden Sie lange Sätze und Fremdwörter. Durch die Nutzung von Verben anstatt von Substantiven werden Ihre Worte lebendig.

Wenn Sie „man" durch „ich" oder „Sie" ersetzen, werden Sie als verbindlich wahrgenommen. Sprechen Sie langsam und deutlich. Machen Sie Pausen und suchen Sie den Blickkontakt mit Ihren Gesprächspartnern.

Wenn Sie selber reden, versuchen Sie Gemeinsamkeiten zu finden. Menschen, die immer nach Unterschieden suchen, halten andere auf Distanz – die Botschaft dieser Menschen lautet „Ich bin besser als Du".
Was Sie in der Kommunikation anziehend macht, ist genau das Gegenteil von Redegewandtheit und Intellekt. Sie ernten dann Respekt und Identifikation von Ihrem Gegenüber, wenn er trotz Ihrer Bescheidenheit merkt, welche Qualitäten Sie haben.

„Ein Mittel, um schnell verachtet zu werden,
ist schnell und viel zu sprechen."
Friedrich Wilhelm Nietzsche

Bremsen in der Kommunikation (Herb, 1997)

- Geschlossene Fragen (Ja oder Nein)
- Ignorieren
- Geht nicht
- Problem
- Vielleicht, vermutlich
- Sollte, könnte, müsste man...
- Ja, aber...

„Wenn die Menschen nur über das sprächen,
was sie begreifen, dann würde es sehr still auf
der Welt sein."
Albert Einstein

Beschleuniger in der Kommunikation

- Offene Fragen (erzähl doch mal, wie war es?)
- Lächeln
- Es ist mir ein Anliegen
- Ich werde dafür sorgen
- Ich übernehme die Verantwortung
- Ich wünsche mir
- Gerne
- Namen nennen
- Ja, zugleich...

„Manche sprechen einen Augenblick, bevor sie denken."
Jean de La Bruyère

Den wenigsten ist Sprachgewandtheit in die Wiege gelegt worden. Durch eine gute Vorbereitung können Sie eine fehlende Sprachbegabung und Spontanität ausgleichen.

„Sprechen, ohne zu denken, ist wie schießen, ohne zu zielen."
Englisches Sprichwort

Denken Sie über Situationen nach, in denen Sie mit Ihrer Kommunikation nicht so zufrieden waren und legen Sie sich für das nächste Mal ein paar gute Sätze zurecht und pauken Sie diese regelrecht. Ein Spruch wie „Morgen werde ich Ihnen ganz spontan etwas dazu erwidern..." passt immer, wenn Sie kurzzeitig sprachlos sind.

„Es ist besser, überhaupt nicht zu sprechen, als Nutzloses zu sprechen."
Sprichwort aus Ghana

Bringen Sie Dinge auf den Punkt

„Die Kommunikationsmittel werden immer besser, doch die Kommunikation wird immer schlechter."
Bertram Jacobi

Wir wissen eigentlich, dass es Sachverhalte nicht klarer macht, wenn wir die gleiche Thematik in drei Variationen wiederholen. Genau das machen wir manchmal, anstatt Botschaften klar auf den Punkt zu bringen.
Je älter wir werden, umso eher neigen wir auch dazu, alte Geschichten zu erzählen und meinen, das kommt gut an, nur weil wir uns danach toll fühlen.

Netto reden heißt Konzentration auf das Wesentliche unter Vermeidung jeglicher Ausschweifungen oder Ausschmückungen. Das heißt auch das Vermeiden von Weichmachern, also „ich habe eine wichtige Information für Sie" statt „darf ich mal ganz kurz stören". Dies gilt insbesondere wenn Sie das obere Management informieren. Gerade hier gilt der Spagat, dass Sie zwar netto reden, aber trotzdem nicht mit der Tür ins Haus fallen, sondern das Thema im Kontext einordnen.

„Was nicht zu verstehen ist, kann nicht auf Verständnis hoffen."
Roman Herzog

Sprechen Sie KVL -
verständlich für **K**inder, **V**orstände und **L**aien

- Einführungssatz - in welchen Zusammenhang steht das Gesagte
- Motivation - was wollen Sie vermitteln, Information, Meinung, Empfehlung
- Daten & Fakten - was ist der Tatbestand - kurz und knapp
- Alternativen mit nachvollziehbaren Bewertungskriterien aufzeigen
- Empfehlung - „Jetzt brauche ich eine Entscheidung"
- Ja oder Nein - der Entscheidungsträger braucht sonst nichts zu tun

„Sagen Sie, wie es ist. Sagen Sie nicht, wie es nicht ist. Positive Äußerungen bleiben den Zuhörern weitaus besser haften, als negative Statements."
Martin Adler

In der Einfachheit der Sprache liegt eines der Erfolgsgeheimnisse. Nutzen Sie einfache Worte und eine bildhafte Sprache, um Gefühle zu erzeugen. Bilder regen das episodische Gedächtnis an. Dagegen werden abstrakte Informationen im Gehirn diffus wahrgenommen.

Je stärker das Bild ist, desto größer ist die Anziehungskraft. Verzichten Sie auf Abschweifungen und ausufernde Monologe.

Eine Wahrnehmung auf den Punkt entsteht, wenn Sie diese Bilder mit Fakten anreichern und somit greifbare Informationen erzeugen, wie z.B. „Stellen Sie sich vor, dass der Kunde die Ware innerhalb von 24 Stunden in den Händen hält".

„Statistik ist die Kunst des Lügens mit Hilfe von Zahlen."
William Stekhel

Genau deshalb ist es auch so wichtig, dass Sie in allen Ihren Dokumenten und bei verbalen Informationen eine klare Struktur haben – die gilt in Ihrer E-Mail genauso wie in einer Ihrer Präsentationen.

Struktur in der Kommunikation

- Das ist mein Anliegen - der Betreff
- Das ist die Agenda - um das geht es im Schreiben bzw. der Präsentation
- Das ist meine Analyse der Sachlage oder des Problems
- Das sind die Lösungsalternativen
- Das ist meine Empfehlung bzw. der Status
- Das sind die nächsten Schritte

„Was nicht auf einer einzigen Manuskriptseite zusammengefasst werden kann, ist weder durchdacht noch entscheidungsreif."
Dwight D. Eisenhower

Bei langen Dokumenten und Präsentation empfiehlt sich immer eine zusammenfassende Schlüsselfolie, die alle wichtigen Fakten auf einer Seite zusammenfasst. Diese bleibt bei Präsentationen sichtbar stehen bzw. ist die Diskussionsgrundlage für eine anschließende Entscheidung.

So ein Extrakt bietet sich auch für die Entscheidungsfindung im gemeinsamen Gespräch mit Ihrem Chef oder Kollegen an - und sie können diese Zusammenfassung später als Protokoll nutzen.

„Man muss oft die beste Zeile weglassen, damit ein Gedicht als Ganzes stimmt."
Satz über das Dichten

Bei E-Mails gilt es netto zu schreiben. Somit erleichtern Sie anderen Personen sich ein Bild über Ihr Anliegen zu machen. Anhand des Betreffs muss Ihr Adressat entscheiden können, ob ihm dies als Information zur Kenntnis reicht, ob er mehr lesen möchte oder ob er etwas entscheiden muss.

Setzen Sie niemals eine Person auf „Kopie", wenn Ihre Erwartung ist, dass er die E-Mail komplett lesen, verstehen oder gar etwas unternehmen muss. Differenzieren Sie beim Adressatenkreis nach „wer muss etwas tun oder antworten", „wer sollte den Vorgang lesen und verstehen" und „wer muss über diesen Vorgang informiert werden". Verteilen Sie Ihre Botschaft auf unterschiedliche E-Mails, wenn dies die entsprechende Transparenz erhöht.

Klären Sie die Spielregeln für E-Mails wenn Sie nicht sicher sind, wie die Erwartungshaltung Ihres Chefs oder Ihrer Kollegen ist, denn dies kann über viele Berufsjahre hinweg eine große Vereinfachung bedeuten.

„Man muss nicht am notwendigen sparen, sondern nur am überflüssigen."
Rolf Weber

Sprechen vor Publikum

„Der erste Eindruck ist der wichtigste und der letzte bleibt."
Quelle unbekannt

Ihre Fähigkeit andere zu fesseln, können Sie insbesondere bei einer Präsentation oder einer Rede trainieren. Nirgends sonst kann Sprache, Gestik, Körpersprache und Ausdrucksvermögen so sehr geübt und verbessert werden wie beim Zwang, einen Vortrag zu halten (Dittrich, 1990).

Nutzen Sie alle Möglichkeiten, vor anderen Leuten zu reden. Damit optimieren Sie Ihre rhetorischen, methodischen und pädagogischen Fähigkeiten.

„Am meisten Vorbereitung kostet mich immer meine spontan gehaltenen, improvisierten Reden."
Sir Winston Churchill

Eine gelungene Präsentation vor den Kollegen oder dem Management ist außerdem die effektivste Art, Werbung in eigener Sache zu betreiben.
Diese Gelegenheiten sind essenziell für Ihre Karriere, denn hier können Sie durch Fleiß und Übung Erfahrung ausgleichen und werden wichtigen Entscheidungsträgern im Gedächtnis bleiben.

Dies ist mir besonders als Führungskraft nochmals bewusst geworden. Als Chef erkenne ich potenzielle Mitarbeiter für Führungspositionen insbesondere auch bei Präsentationen, denn ich kann folgende Eigenschaften und Talente erkennen:

- Methodisches Vorgehen
- Fleiß
- Fachwissen
- Struktur
- Sachverhalte auf den Punkt bringen
- Überzeugungskraft, Selbstbewusstsein
- Kreativität
- Spontanität, Schlagfertigkeit

Alles das ist erlernbar – warum üben wir dann so wenig, obwohl es so viele Gelegenheiten gibt?

„Das menschliche Gehirn ist eine großartige Sache. Es funktioniert bis zu dem Zeitpunkt, wo du aufstehst, um eine Rede zu halten."
Mark Twain

Eine gute Vorbereitung ist ein Muss für Präsentationen und Reden. Wenn Ihnen noch Routine und Redetalent fehlt, sollten Sie nie unvorbereitet einen Vortrag halten.

„Eine gute Rede hat einen guten Anfang und ein gutes Ende und beide liegen möglichst nahe beieinander."
Mark Twain

Elemente und Struktur einer Charisma-Rede

Gliedern der Rede und Einstellen auf die Zuhörer
Fragen Sie sich, welchen Informationsstand und welche Erwartungen, Interessen bzw. Ziele das Publikum hat. Notieren Sie für jeden Teil die wesentlichen Botschaften, insbesondere Anfang und Ende müssen sitzen.

Wertschätzung ans Publikum und Agenda
Ausschlaggebend für den Kontakt zum Auditorium sind die ersten Worte. Starten Sie überraschend, sprechen Sie Gemeinsamkeiten an oder stellen Sie eine prägnante Frage. Bringen Sie die Zuhörer dazu „Ja" zu sagen. Zum Abschluss der Kontaktphase präsentieren Sie die Agenda.

Hauptteil - Neuland betreten
Betreten Sie ausgehend von der gemeinsamen Basis thematisches Neuland. Machen Sie die Theorie mit praktischen Beispielen anschaulich und bringen Sie Argumente, die hängen bleiben. Erzählen Sie persönliche Geschichten, zeigen Sie Fotos oder nutzen Sie Metaphern, um Sachverhalte bildhaft zu erklären (Danz, 2010).

Zusammenfassung - Neuland in Besitz nehmen
Eine klare Kernaussage, eine logische Schlussfolgerung oder eine emotionale Empfehlung und wenn alles gesagt ist: Schluss!

„Was Rednern an Tiefe fehlt, ersetzen sie durch Länge."
Charles-Louis de Montesquieu

Sie können viel tun, um Routine beim Reden zu erlangen

- Zeichnen Sie eigene Reden auf Video auf
- Analysieren und verbessern Sie Ihre Problemzonen
- Nutzen Sie jede Gelegenheit „vorbereitet" vor Publikum zu reden
- Lernen und erzählen Sie Witze im Bekanntenkreis
- Besuchen Sie Seminare und lesen Sie gute Rhetorik-Bücher

Auch Schlagfertigkeit kann man üben. Sammeln und lernen Sie Weisheiten und Sprüche, die zu Ihnen und zu häufig auftretenden Situationen passen.

„Schlagfertigkeit ist, was einem nach der Rede auf dem Heimweg einfällt."
Mark Twain

Obwohl John F. Kennedy als Präsident der Vereinigten Staaten ein viel beschäftigter Mann war, nahm er sich für seine Reden viel Zeit. Er griff dabei auf eine Humor-Akte zurück, die sein Berater Ted Sorensen für ihn führte.
Auch Wolfgang von Goethe notierte sich ständig interessante Wörter und besonders anschauliche Formulierungen seiner Zeitgenossen in sein Notizbuch (Franken, 2002). Fangen Sie am bestens noch in den nächsten 72 Stunden damit an.

Unfaire Kommunikation

**„Am lautesten singen immer die,
die falsch singen."**
Franz Grillparzer

Weise Menschen zeichnen sich dadurch aus, dass sie bei aggressiven Bemerkungen ruhig bleiben. Was immer das Motiv auch sein mag - sollte jemand eine böse Bemerkung über Sie machen, lassen Sie es durchgehen und lächeln. Wenn Ihr Kollege das nächste Mal feststellt „Ihr macht ja ständig Urlaub", lächeln Sie und sagen „Ja, ist das nicht wunderbar?".

„Treffende Bemerkungen mögen Ihre Wirkung haben, doch ist noch kein Wort je so wirkungsvoll gewesen, wie eine Kunstpause im richtigen Augenblick."
Mark Twain

Sie brauchen sich weder zu rechtfertigen, noch ärgerlich werden. Es ist nichts gewonnen, wenn Sie zurückschießen. Das gleiche gilt für Vorträge, denn Sie gehen unter, wenn Sie versuchen sich vor einer Menschenmenge zu verteidigen. Stimmen Sie entweder zu oder bleiben Sie einfach bei Ihrem Thema.

Sollte Ärger in Ihnen hochsteigen, so sollten Sie sich Ihrer Emotionen bewusst werden.

Über was ärgere ich mich?

Über das, was der andere getan hat oder über meine Unfähigkeit richtig reagiert zu haben?

**„Ärger ist die Unfähigkeit,
Wut in Aktion umzusetzen."**
Wolfgang Herbst

Wenn Sie sich klarmachen, wie Sie eine Situation erleben, können Sie Ihre Interpretation ändern und die Kontrolle über Ihre Gefühle erhöhen.
Dabei geht es im ersten Schritt darum Ihren eigenen Gefühlshaushalt in Balance zu bringen. Damit ist es leichter auch in angespannten Situationen nach harten Provokationen rational und angemessen zu handeln (Etrillard, 2013). Als Leitfaden hilft das folgende Kommunikationsmodell.

**Kommunikationsmodell in 4 Schritten
(Miedaner, 2002)**

Schritt 1: Informieren des Betreffenden
„Ist Ihnen bewusst, dass die Bemerkung unter der Gürtellinie war?"
Sollte Ihr Gegenüber das Verhalten nicht einstellen => Schritt 2

Schritt 2: Appell an den Betroffenen aufzuhören
„Wenn Sie mich schon kritisieren, dann bitte in konstruktiver Form."
Sollte Ihr Gegenüber das Verhalten nicht einstellen => Schritt 3

Schritt 3: Beharrlich bleiben
„Ich möchte Sie nochmals bitten, mich nicht anzuschreien."
Sollte Ihr Gegenüber das Verhalten nicht einstellen => Schritt 4

Schritt 4: Ruhig verabschieden und gehen
„Ich glaube, derzeit ist kein Gespräch möglich - ich werde jetzt gehen."

„Wenn jemand brüllt, sind seine Worte nicht mehr wichtig."
Peter Ustinov

Es muss nicht unbedingt jemand laut werden, um bei Ihnen Wut hoch kommen zu lassen - hier reichen bohrende Fragen in einer Präsentation oder eine aggressive E-Mail. Grundsätzlich gilt auch hier, dass Sie sich nicht provozieren lassen sollten. Erste Priorität ist, dass Sie Gelassenheit ausstrahlen.

**„Nur kleine Hund bellen,
große gehen einfach weiter."**
Holger Sobanski

Respekt ernten Sie dann, wenn dem Provokateur zwar deutlich wird, dass Sie sich im Zweifelsfall nicht auf der Nase herum tanzen lassen, aber auch, dass Sie es gar nicht nötig haben, sich auf einen Schlagabtausch vor Publikum einzulassen.

Der entsprechend kurze Kommentar muss also sitzen, z.B. „Das möchte ich nachher aber noch mit Ihnen besprechen, aber erst mal weiter im Text".

„Wer versucht, jedermanns Liebling zu sein, läuft Gefahr, nicht ernst genommen zu werden."
Marco La Bella

Überlegen Sie sich einen Spruch, der zu Ihnen passt. Vermeiden Sie auf jeden Fall aggressive Bemerkungen, insbesondere wenn viele Beteiligte anwesend sind. Im Zweifelsfall ignorieren Sie die Bemerkung und klären den Konflikt unter vier Augen.

„Lassen Sie sich nie auf Streitereien mit Schweinen ein – Sie werden dabei nur schmutzig und die Schweine haben Spaß daran."
Brighton Abrams

Demonstrieren Sie, dass Sie stets eine engagierter, aber fairer Diskussionspartner sind. Wer fragt, der führt.
Mit simplen Fragen wie „Darf ich fragen, was Sie damit genau meinen?" erreichen auch mit einer zurückhaltenden Körpersprache maximalen Erfolg ohne dabei zu provozieren.

Mit einer entsprechenden Fragekette gelingt es Ihnen, Ihr Gegenüber auf den Zahn fühlen bzw. unschlüssige Argumentationsketten zu entlarven. In jedem Fall behalten Sie Ihre Souveränität (Breuer, 2007).

Auf unfaire Kommunikation angemessen reagieren

- Verzichten Sie auf Verteidigungen und Rechtfertigungen
- Machen Sie selbstbewusst klar, dass Sie einen Konflikt nicht scheuen
- Nehmen Sie den Gesprächspartner ernst
- Vermeiden Sie, Formulierungen des Angreifers zu verwenden
- Machen Sie keine Vorwürfe und reden Sie nicht über Schuld
- Liefern Sie lieber eine sachliche Klarstellung
- Vermeiden Sie dabei Wertungen, Spekulationen und Unterstellungen
- Sprechen Sie über Ihre eigenen Gefühle in der Ich-Form
- Fragen Sie nach den Gefühlen Ihres Gesprächspartners („Sie sind sauer")
- Machen Sie Lösungsvorschläge, die in der Sache weiterhelfen
- Beschweren Sie sich nicht schriftlich

„Manche Leute drücken nur deshalb
ein Auge zu, damit sie besser zielen können."
Billy Wilder

Kommunikation bei schwierigen Themen oder Partnern

„Machen Sie sich erst einmal unbeliebt, dann werden Sie auch ernst genommen."
Konrad Adenauer

In stärker konsensgeführten Unternehmen werden Entscheidungen im Team entwickelt und Anweisungen des Chefs kritischer hinterfragt. Dies dauert länger, führt aber zu besseren Entscheidungen, die in der Regel eine bessere Akzeptanz besitzen und somit zügiger umgesetzt werden. Sachliches Streiten um die beste Lösung ist also wichtig, um das beste Ergebnis bei geringeren Risiken zu erzielen.

„Wo gestritten wird, gibt meistens der Klügere nach. Wo aber der Klügere nachgibt, kann nichts Gescheites herauskommen."
Manfred Rommel

Erfolg hängt aber auch von einer schnellen Umsetzung der richtigen Maßnahme ab. Oftmals wird in Unternehmen wieder und wieder über die Wichtigkeit von Maßnahmen gesprochen, aber nicht entschieden. Durch diese Zeitverzögerung entgeht dem Unternehmen jedoch gegebenenfalls viel mehr Geld.
Deshalb ist es für eine Firma und einem Chef nicht tragbar, dass man sich bei Entscheidungen im Kreis dreht – zumal ein Vorgesetzter nicht die

Zeit dazu hat und es sich nicht erlauben kann, zögerlich zu sein.

**„Ich kenne keinen sicheren Weg zum Erfolg,
nur einen zum sicheren Misserfolg –
es jedem recht machen zu wollen."**
Platon

Für gute Entscheidungen sind Sie im Team auf ein ehrliches Feedback angewiesen, aber am Ende trägt der Vorgesetzte die Verantwortung für das Ergebnis. Deswegen bewegen Sie sich schnell ins Abseits wenn Sie für ein vermeintlich besseres Ergebnis ohne Rücksicht auf Verluste kämpfen.

Manchmal erlebe ich Mitarbeiter, die ihr Wissen vollkommen überschätzen, anderseits ihre Argumente nicht überzeugend vorbringen, nicht offen für andere Argumente sind oder schlichtweg meine Autorität als Vorgesetzten unterhöhlen. Dies ist nicht nur ärgerlich, sondern schlichtweg unprofessionell.

**„Das ärgerliche am Ärger ist,
dass man sich schadet,
ohne anderen zu nützen."**
Kurt Tucholsky

Kommunikation heißt verstehen und verstanden werden. Erstrebenswert ist, dass Sie ihre Meinung mit guten Argumenten einbringen, offen bleiben und angemessen reagieren, wenn sich Ihre Meinung nicht durchsetzt.

**„Es gehört manchmal mehr Mut dazu,
seine Meinung zu ändern,
als ihr treu zu bleiben."**
Friedrich Hebbel

Das heißt nicht, dass Konflikte unter den Teppich gekehrt werden sollten – im Gegenteil. Menschen, die um die beste Lösung ringen, eröffnen sich eine umfassendere Erkenntnis. Deshalb sollten Sie Ihre Meinung hart vertreten, wenn es zielführend ist.

**„Reibung erzeugt Glanz,
Reibung erzeugt Wärme."**
Quelle unbekannt

Trotzdem werden Sie dabei nicht persönlich, sondern gewinnen gleichzeitig Verbündete und Sympathien. Wenn Sie dann noch hilfsbereit und kollegial sind, wird man Sie persönlich schätzen.

Bei einem Konflikt muss zuerst die Beziehungsebene geklärt werden, sonst ist die Lösung auf der Sachebene nicht möglich oder nur ein fauler Kompromiss.
Fahren Sie Ihre Antennen aus, um Störungen auf der menschlichen Ebene solange zu reparieren, bis jemand offen ist für Lösungen.

**„Jeder hat das Recht auf seine eigene Meinung,
aber er hat kein Recht darauf, dass andere sie
teilen."**
Manfred Rommel

Falls Sie an Ihrem Gegenüber, etwas verändern wollen, sollten Sie sich allerdings nur auf das Verhalten konzentrieren, das Sie herbeiführen möchten und nicht auf die Einstellung des anderen.

**„Lieber der Esel, der mich trägt,
als der Esel der mich abwirft."**
Thomas Fuller

Fürchten Sie sich nicht davor, Ihre Meinung zu ändern, aber vermeiden Sie dies ständig zu tun. Dies könnte so ausgelegt werden, dass Sie nicht wissen, was Sie wollen.
Wenn es wichtig ist, dass sich eine andere Person sich an Ihre Anweisungen hält oder Ihr Standpunkt deutlich gemacht werden muss, können folgendermaßen argumentieren:

- „Meine Erfahrung deckt sich nicht mit Ihrer"
- „Ihre Argumente habe ich verstanden, trotzdem möchte ich, dass Sie dies tun."
- „Ich würde es folgendermaßen machen - haben Sie eine Alternative? Also, dann sollten Sie es so machen."

Wenn die Gefahr besteht, dass eine Auseinandersetzung hitzig wird, zeigen Sie ein Lächeln und lockern Sie die Stimmung mit Humor.

**„Wer sich mit Humor wappnet,
ist praktisch unverwundbar."**
Englisches Sprichwort

Kommunikation bei kritischen Themen oder Partnern

- Kritik und Missstände sollten Sie unter vier Augen ansprechen und klären
- Gesprächsbereitschaft können Sie beim Gesprächspartner generieren, indem Sie z.B. an dessen Hilfsbereitschaft appellieren und ihn aufwerten („ich brauche Ihren Rat")
- Kombinieren Sie emotionale Gelassenheit, aktives Zuhören, Integrationsfähigkeit mit Klarheit und Durchsetzungsbereitschaft
- Klären Sie den Konflikt zuerst auf der Beziehungsebene und dann auf der Sachebene
- Begegnen Sie einem Konflikt konstruktiv und vermeiden Sie Doppelbödigkeit, d.h. machen Sie keine versteckten unterschwelligen Vorwürfe, Behauptungen und Verallgemeinerungen („eigentlich ...", „immer", etc.)
- Beschreiben Sie was stört, indem Sie die Auswirkungen auf sich selber schildern (Ich-Botschaften wie z.B. „das hat mich irritiert")

Wenn ein Kollege sein Versprechen nicht einhält, so sollten Sie das nicht stillschweigend dulden. Haken Sie also freundlich nach, wenn eine versprochene Leistung nicht erbracht wird, denn das ist nicht kleinlich, sondern konsequent. Alles andere führt dazu, dass Sie nicht ernst genommen werden.

Effektive Besprechungen

„Alle menschlichen Organe werden irgendwann müde, nur die Zunge nicht."
Konrad Adenauer

Es ist keine Frage, dass Besprechungen notwendig sind. Jedoch wird in Meetings und Konferenzen viel Zeit verschwendet wenn sie schlecht oder gar nicht durchgeplant werden.

„In Besprechungen gehen viele rein, aber es kommt meist wenig raus."
Quelle unbekannt

Leider kommt es sogar vor, dass selbst der Einladende unvorbereitet ist. Noch öfter wird zugelassen, dass Teilnehmer nicht vorbereitet in die Besprechungen kommen. Auch das kann der Einladende positiv beeinflussen.

„Eine effektive Besprechungskultur erfordert effektive Arbeitstreffen statt Diskussionsrunden."
Peter F. Drucker

Eine gründliche Planung ist also absolut notwendig, weil sie Zeit spart und nicht etwa Zeit kostet. In jedem Fall wird die eigentliche Konferenz beschleunigt.

Das Hauptpotenzial besteht darin, dass das Ziel, der Weg dorthin und die Teilnehmer wohl überlegt sind.

„Vieleicht sollte auf jeder Sitzung die Frage gestellt werden:
wer kann von der Teilnahme befreit werden."
Felix Dzierzynski

Definieren Sie zuerst das möglichst konkrete erreichbare Besprechungsziel, z.B. informieren oder einen Sachverhalt klären.

„Wer das Ziel nicht kennt,
wird den Weg nicht finden."
Christian Morgenstern

Verschicken Sie Ihre Zielsetzung mit der Einladung. Je höher die Gefahr ist, dass ein wichtiger Teilnehmer absagt, umso wichtiger ist es im Vorfeld, die Rolle der Teilnehmer und den Nutzen des Meetings zu verdeutlichen. Bei Sitzungen, zu denen keine intensive Vorbereitung der Teilnehmer notwendig ist, reicht es, dass Sie die detaillierte Agenda ein paar Tage vor dem Meeting versenden.

Aber auch bei lang im Vorfeld geplanten Konferenzen sollten Sie kurz vorher nochmals eine aktualisierte Tagesordnung verteilen. Dies hat drei Vorteile: Sie fokussieren sich selber nochmals auf das was Sie erreichen wollen, können dies nochmals mit der aktuellen Situation abgleichen und Ihre Teilnehmer erhalten einen

Wink, sich ebenfalls einzustimmen oder vorzubereiten.

"Ziele setzen unser Verhalten in Gang."
Kenneth Blanchard

Auf der Tagesordnung sollte stehen, wie der Zeitrahmen aussieht, wer jeweils präsentiert, aber idealerweise auch, welche Präsentationstechnik geplant ist und welche Unterlagen die Teilnehmer vorher oder nachher bekommen.

Regeln für die Durchführung einer effektiven Besprechung

- Verteilen Sie im Vorfeld die Agenda.
- Erläutern Sie am Anfang kurz den Zweck der Sitzung und die Agenda
- Kündigen Sie an, wie die Dokumentation aufbereitet und verteilt wird
- Konzentrieren Sie sich nur auf die geplanten Themen
- Verwenden Sie eine einfache, verständliche Sprache
- Beenden Sie die Besprechung wenn der Besprechungszweck erfüllt ist
- Rechtzeitig vor Ende sollten Sie nochmals das Ergebnis zusammenfassen
- Falls Sie den Zeitplan nicht einhalten können, sollten Sie vor dem offiziellen Ende eine Klärung der weiteren Vorgehensweise vorgenommen haben, z.B. ein Vertagen von Themen

Durch gezielte Anrufe im Vorfeld erreichen Sie oftmals weitere Verbesserungspotenziale, z.B. indem Sie abklären, ob und warum eine Teilnahme Sinn macht oder um die Teilnehmer zur Vorbereitung zu motivieren.

Dies erreichen Sie insbesondere dadurch, dass die entsprechende Person einen Tagesordnungspunkt Ihrer Agenda übernimmt oder einleitet.

„Besprechungen müssen zu Ergebnissen, Ergebnisse müssen zu Entscheidungen, Entscheidungen müssen zu Taten führen."
Peter E. Schumacher

Zusatzregeln für Sitzungen mit vielen oder fremden Teilnehmern

- Manchmal macht es Sinn, die Spielregeln zu erläutern, z.B. „wir lassen andere ausreden", „wir halten die Pause ein".
- Wenn sich einzelne Teilnehmer nicht kennen, sollten Sie eine Vorstellungsrunde machen. Dies wirkt vertrauensbildend - wichtig sind insbesondere Kompetenzen und Interessen im Hinblick auf das Besprechungsziel.
- Differenzieren Sie zwischen Zielverantwortlichem, Moderator und Protokollant wenn Sie aufgrund der Konferenzgröße oder der Gegebenheiten nicht alle Rollen selber ausfüllen können.

„Eine Besprechung ist der Sieg des Gesäßes über den Verstand."

**Regeln für virtuelle Meetings
(am Telefon bzw. in Videokonferenzen)**

- Je mehr Teilnehmer, umso mehr Moderation.
- Ausführlicher „Check in" am Anfang, z.B. „Ich frage jetzt die Abteilungen ab, damit jeder die Funktion und Expertise der Teilnehmer kennt".
- Sprechen Sie langsamer, deutlich und in kurzen Sätzen, z.B. „Um fest zu stellen, ob jeder den Sachverhalt verstanden hat, hätte ich gerne von jedem ein Ja".
- Machen Sie eine Ansage, wenn Teilnehmer kurzzeitig nicht aktiv sein. müssen, z.B. „Diesen Punkt müssen wir mit den Teilnehmern aus Köln kurz klären – ich sage wenn es wieder weiter geht".
- Gehen Sie mit Abkürzungen noch behutsamer um als sonst.
- Kommunizieren Sie, was Sie als nächstes tun wollen, z.B. „Ich werde jetzt Ihre Namen aufrufen. Bitte melden Sie sich mit einer kurzen Begrüßung in Ihrer Landessprache, damit wir hören, dass Sie da sind".
- Sprechen Sie die Personen immer mit Ihrem Namen an, z.B. „Herr Huber, was meinen Sie als Spezialist für Baurecht zu dem Sachverhalt?".
- Fragen Sie nach statt Annahmen zu treffen, z.B. „Habe ich Sie richtig verstanden, dass Sie Lösung A umsetzen wollen?".
- Duplizieren Sie wichtige Inhalte, z.B. „Lassen Sie es mich nochmal in eigene Worte fassen…"

Eine Konferenz ohne die richtigen Medien ist meistens nicht effizient und nichts ist ärgerlicher für den Ablauf als streikende Hilfsmittel oder technische Probleme, die die Kommunikation stören oder gar mit fernen Konferenzteilnehmern unmöglich machen (Siegert, 2007).
Heutzutage sind Videokonferenzen kein finanzielles oder technisches Problem mehr. Aber gerade weil es oftmals zu Störungen aufgrund der Technik kommt, begnügt man sich bei Abstimmungen mit externen Teilnehmern oftmals nur mit Telefonaten, obwohl Videokonferenzen viel effektiver wären. So lernt man nie mit der Technik umzugehen.

„Sei, wenn du kannst, weiser als die anderen Menschen; aber lass sie das nicht wissen."
Lord Chesterfield

Sie werden in einer Verhandlung keinen Erfolg haben, wenn Sie sich nicht vorher ein Konzept zurechtgelegt haben und mögliche Eventualitäten gedanklich durchgespielt haben. Im Berufsleben hat das Wort Taktik einen fahlen Beigeschmack. Im Sport ist es eine anerkannte Methode, um sich oder die Mannschaft auf die besonderen Umstände oder den Gegner einzustellen.

Bei einem wichtigen Fußballspiel ist es selbstverständlich, eine detaillierte Analyse über die Stärken, Schwächen und Besonderheiten des anderen Teams zu machen und daraus eine Taktik für die Vorgehensweise abzuleiten.

Selbstvertrauen und Gelassenheit

„Es ist ein Jammer, dass die Dummen so selbstsicher und die Klugen so voller Zweifel sind."
Bertrand Russell

Ein erster Schritt zu Gelassenheit ist Überpünktlichkeit. Sie haben richtig gehört - wenn Sie zu jedem Termin fünf Minuten zu früh kommen ist es keine Zeitverschwendung, sondern Sie erzielen mehr Ruhe und Gelassenheit. Sie können Ihre Gedanken ordnen oder haben noch etwas Zeit für einen Smalltalk.

Die Alternative ist, Sie führen noch ein wichtiges Telefonat und kommen als letzter abgehetzt in das Besprechungszimmer. Die Teilnehmer empfinden Sie dann als atemlos, hektisch oder undiszipliniert. Auf keinen Fall werden Sie denken „dieser fleißige Mensch hat meine Hochachtung, denn er nutzt jede Sekunde der Arbeitszeit".

„Pünktlichkeit ist die Höflichkeit der Könige."
Ludwig XVIII

Hören Sie deshalb jede Besprechung schon fünf Minuten früher auf, damit Sie und Ihre Teilnehmer noch genug Zeit haben, um zu einer Folgebesprechung pünktlich zu erscheinen ohne Ihr Meeting vorzeitig verlassen zu müssen.

Gängige Terminprogramme lassen sich so einstellen, dass ein Standardtermin fünf Minuten vor der vollen Stunde endet.

Wir strahlen Gelassenheit aus, wenn wir negative Emotionen unter Kontrolle haben. Wenn Sie Erfolg wollen und es Ihnen nicht allein darum geht, Recht zu haben, sollten Sie bei Fehlern anderer großzügig hinwegsehen.
Sagen Sie was Sie stört, aber werden Sie nicht persönlich. Bringen Sie Dinge deutlich und selbstbewusst zur Sprache und verzichten Sie auf „Jammern" oder „Dampf ablassen".

„Der Schwache kann nicht verzeihen.
Verzeihen ist eine Eigenschaft des Starken."
Mahatma Gandhi

Wichtig ist, dass Sie sich auf das Ergebnis konzentrieren und verzichten Sie auf emotionale Verallgemeinerungen und Vorwürfe. Genau das fällt uns bei einem vertrauten Menschen sehr schwer.
Wie oft treffen wir Aussagen wie „Du kommst ständig zu spät" und wundern uns dann, dass der andere nicht auf unsere Bedürfnisse eingeht, sondern stattdessen das Wort „immer" in Frage stellt. Üben Sie Toleranz und prüfen Sie, ob es für alle Beteiligte besser ist, darauf zu verzichten, jemanden zu missionieren.

Es ist vielversprechender, dass Sie der Person dabei helfen, das gewünschte Resultat zu erreichen, indem Sie die erwartete Aktion rechtzeitig ansprechen, bevor das „Kind in den

Brunnen fällt", z.B. „es ist jetzt 7:30, wir sollten also in 10 min zum Parkplatz gehen, damit wir rechtzeitig los kommen".

Wenn das erwünschte Ziel dann tatsächlich erreicht wird, sollten Sie das positiv bemerken, z.B. durch „Danke, dass wir so zeitig weggekommen sind - Pünktlichkeit liegt mir sehr am Herzen".

**„Wenn mir eine Sache missfällt,
so lasse ich sie liegen oder mache sie besser."**
Johann Wolfgang von Goethe

Werden Sie gelassener, indem Sie nur noch die Dinge ansprechen, die Sie wirklich geändert haben wollen. Und wenn dies der Fall ist, überlegen Sie sich, ob Kritik oder doch das Loben kleiner Fortschritte zielführend ist.

„Die Gelassenheit schärft den Blick für das Wesentliche."
Chinesisches Sprichwort

Es liegt an Ihnen – fangen Sie heute an

„Es hängt von dir selbst ab, ob du das neue Jahr als Bremse oder als Motor benutzen willst."
Henry Ford

Menschen, die sich von anderen und äußeren Bedingungen beeinflussen lassen, werden unzufrieden und passiv. Diese Personen agieren in einer Opferrolle und schieben die Verantwortung für Ihr Leben auf andere Menschen oder Umstände.
Sie sollten sich also nicht Parolen anschließen wie „wenn der andere etwas ändern würde, wäre das Problem gelöst". Stattdessen engagieren Sie sich, gehen mit gutem Beispiel voran und widerstehen, anderen ihre Schwächen vorzuhalten.

„Geringes Wissen, das tatkräftig angewendet wird, ist unendlich mehr wert als großes Wissen das brachliegt."
Khalil Gibran

Dauerhafte Lösungen für Probleme und Erfolg basieren auf Ihren eigenen proaktiven Aktivitäten. Sie selber haben es in der Hand!
Wie beim Sportler sind Disziplin und Training wichtigste Voraussetzungen für Ihren persönlichen Erfolg.
Deshalb feilen Sie täglich an Ihren persönlichen Stärken und nehmen sich Zeit, um auch kleine,

aber notwendige Aufgaben abzuschließen (ohne dabei den Fokus auf wichtige Projekte zu verlieren).
Prioritäten sind wichtig, aber viele "offene Aufgaben" belasten uns. Deshalb räumen Sie regelmäßig Ihr Gehirn und Ihren Schreibtisch auf.

„Die Basis einer gesunden Ordnung ist ein großer Papierkorb."
Kurt Tucholsky

In diesem Sinne gehört absolut Unwichtiges für Sie sofort in den Papierkorb – so bekommen Sie auch Ihren Kopf frei.

Kurzfristige Hindernisse nehmen Sie gelassen im Hinblick auf wichtigere und langfristige Ziele. Stattdessen denken Sie an die vielen Kleinigkeiten mit denen Sie die Beziehungen fördern und erhalten können.

„Der beste Weg herauszufinden ob du jemand vertrauen kannst, ist ihm zu vertrauen."
Ernest Hemingway

Sie schenken Vertrauen und fördern das Selbstwertgefühl Ihrer Kollegen - auch dann, wenn Sie der Meinung sind, dass diese auch noch mehr leisten könnten und sollten.
Sie üben Geduld mit den Menschen und den Prozessen.

Sie vermeiden sich zu rechtfertigen oder zu wehren sobald Sie angegriffen werden.

Wenn sich Kollegen respektlos verhalten, gebieten Sie dieser Person zügig und unmissverständlich Einhalt.
Sie geraten aber auf keinen Fall in den Sog negativer Energie, sondern nutzen Ihren Humor, um festgefahrene Situationen zu entschärfen.

**„Wer sich mit Humor wappnet,
ist praktisch unverwundbar."**
Englisches Sprichwort

Im Gespräch ermuntern Sie Ihr Gegenüber von sich oder zur Sache zu erzählen, denn "echtes Zuhören" ist wichtiger als Reden. Durch das Wiederholen relevanter Aussagen signalisieren Sie, dass Sie verstanden haben.

„Zuhören überzeugt mehr als argumentieren."
Indisches Sprichwort

Trotzdem nutzen Sie möglichst viele Gelegenheiten, um vor anderen Leuten zu reden, um Ihre rhetorischen und pädagogischen Fähigkeiten zu üben und zu optimieren.

**„Erfolg ist, von Fehler zu Fehler zu schreiten,
ohne den Tatendrang zu verlieren."**
Sir Winston Churchill

Was Sie regelmäßig wiederholen geht in eine Routine über - und das gilt bei Ihnen nicht nur für das Zähne putzen.

Literaturverzeichnis

Brandes, D. (2002). Einfach managen. Frankfurt: Redline Wirtschaft.

Covey, S. (1993). Die effektive Führungspersönlichkeit. Frankfurt/Main: Campus.

Corssen, J. (2004). Der Selbst-Entwickler. München: Beust.

Danz, G. (2010). Neu präsentieren. Frankfurt: Campus.

Der Redenberater. (2002). Bonn: Rentrop.

Dittrich, H. (1990). Jeder kann Karriere machen. München: Humbolt.

Drucker , P. (2005). Die besten Ideen von Peter F. Drucker . Hamburg: Harvard Business School Publishing.

Etrillard, S. (2013). Mit Diplomatie zum Ziel. Gabal / getabstract.

Freemantle, D. (2000). 80 Tipps für tolle Chefs. Landsberg am Lech: mvg-Verlag.

Frenzel, R. (2000). Das erste Mal Chef. München: WRS Verlag.

Herb, G. (1997). Entwicklungsprogramm "Kommunikation und Führung". Lautrach.

Kürzel, A. (1993). Führung und Motivation. Heidelberg: DOZ.

Kürzel, A. (2014). 33 Erfolgsrezepte zur persönlichen Weiterentwicklung im Beruf. Berlin: Epubli.

Lejeune, E. (1993). Mut zur Karriere. Bergisch Gladbach: Lübbe.

Matthews, A. (1996). So machst Du Dir Freunde. Freiburg: VAK Verlag.

Nölke, M. (2009). Vertrauen. München.

Prof. Dr. Dr. Spitzer, M. (2007). Wie lernt das Gehirn. Fachtagung Umwelt.

Rogoll, R. (2011). Werde, der du werden kannst. Freiburg: Herder.

Siegert, W. (2007). Konferenz mit Ziel und Effizienz. Renningen: Expert.

Sprenger, R. K. (2000). Mythos Motivation. Frankfurt/Main: Campus.

Sprenger, R. K. (2007). Vertrauen führt. Frankfurt/Main: Campus.

von Münchhausen, M. (2009). Die vier Säulen der Lebensbalance. Berlin: Ullstein.